事前学習に役立つ

# みんなの修学旅行

京都 2　平安京・物語の世界

監修：山田 邦和
（同志社女子大学教授）

小峰書店

# 目次

## 京都ってどんなところ？
京都の地理 …………………………… 4
京都の1年 …………………………… 5

## 京都を楽しむ！ コースづくりのコツ ……… 6

テーマ別に見る京都の名所① 平安京（へいあんきょう）のおもかげをめぐろう …………… 8
テーマ別に見る京都の名所② 物語の世界をめぐろう ………………………… 18
テーマ別に見る京都の名所③ 京都の新名所をめぐろう！ ……………………… 26
テーマ別に見る京都の名所④ 京都の食を食べ歩き！ ………………………… 34

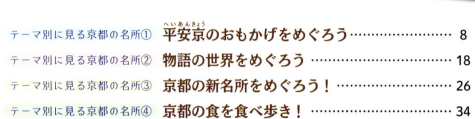

京都の学食めぐり ……………………… 38
文化を学べる施設（しせつ） ………………… 40
名所さくいん …………………………… 44

## 修学旅行（しゅうがくりょこう）の前に知っておきたい！
### 文化財（ぶんかざい）の基礎知識（きそちしき）

#### 文化財の種類
文化財とは、歴史的、芸術的に価値の高い建造物や美術品、遺跡、そして演劇や音楽などのことで、国が定める「文化財保護法」で守られています。ひと口に文化財といっても、種類はさまざま。ここでは、この本でよく登場する文化財について説明します。

※ここで紹介（しょうかい）しているもののほかに、演劇（えんげき）や音楽、工芸技術（げいじゅつ）などが指定される無形文化財（むけいぶんかざい）（さらに価値の高い重要無形文化財（じゅうようむけいぶんかざい）をもつ人が「人間国宝（にんげんこくほう）」とよばれる）、長い歴史をもつ祭りなどが指定される民俗文化財（みんぞくぶんかざい）などがある。

#### 重要文化財（じゅうようぶんかざい）
建築物や絵画、彫刻（ちょうこく）、工芸品（こうげいひん）などの美術工芸品のうち、重要なものが指定される。

#### 国宝（こくほう）
重要文化財に指定されるもののうち、さらに価値が高く、重要なもの。

#### 史跡（しせき）
貝塚や古墳（こふん）、城跡（しろあと）、歴史上の人物の旧宅（きゅうたく）など、歴史的に重要な場所が指定される。

#### 特別史跡（とくべつしせき）
史跡の中でも、とくに重要なもの。

#### 名勝（めいしょう）
庭園や橋など人工的につくられたもの、海浜（かいひん）や山など自然のもののうち、景観が美しく、重要なものが指定される。

#### 特別名勝（とくべつめいしょう）
名勝に指定されるもののうち、さらに価値が高く、重要なもの。

この本で紹介している名所の拝観（はいかん）できる時間、最寄（もよ）りの駅やバス停の名称（めいしょう）などは変更（へんこう）になる場合があります。必ず確認（かくにん）してからお出かけください。

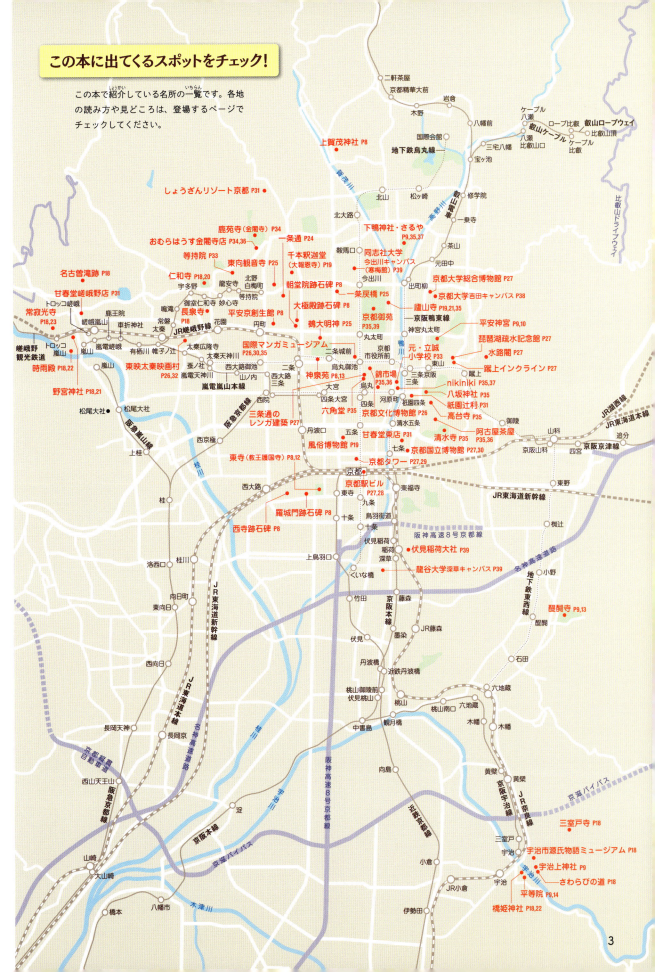

# 京都ってどんなところ？

8世紀から19世紀まで、1000年以上も日本の都だった京都には、多くの歴史的建造物や史跡が残っている。なぜ京都が長いあいだ栄えたのか、まずは地理的な特徴からさぐってみよう。

## 京都の地理

### 山に囲まれた盆地にある大都市、京都市

京都府は北は日本海に面し、北から右回りに福井、滋賀、三重、奈良、大阪、兵庫の6つの府県と接しています。およそ261万人の人口のうち、半分以上の147万人が、府庁所在地の京都市に住んでいます（2016年6月現在）。京都市は東、北、西を山で囲まれた盆地にあり、上京区、中京区など11の区に分かれている大都市です。

### ◆キーワード

**【大都市京都】**
京都市は日本で7番目の人口をかかえる大都市。昔から、交通の便がよく、多くの人が行き来して産業や文化が栄えてきた。現在は長年の歴史を大切にしながら、「21世紀の文化首都」となることをめざしている。

**【京都の水】**
三方を山に囲まれた京都は、水資源にめぐまれている。京都市内の生活用水は、おもに琵琶湖から引いた水道水が使われているが、京都の地中には、豊富な地下水がある。そのため、昔から使われている井戸が多い。

# 京都の1年

## おもな行事

- 1月4日 蹴鞠はじめ(下鴨神社)
- 2月2〜4日 節分祭(各神社にて)
- 2月25日 梅花祭(北野天満宮)
  菅原道真の命日に行われる、はなやかな祭り。
- 3月3日 流し雛(下鴨神社)
  桟俵にのせた雛人形を川に流す。
- 4月29日〜5月5日 壬生大念仏狂言(壬生寺)
  狂言が奉納される(国の重要無形民俗文化財に指定)。
- 4月29日 曲水の宴(城南宮)
  平安のみやびな歌遊びを再現。
- 5月15日 葵祭(下鴨神社、上賀茂神社)
- 6月1日 貴船祭(貴船神社)
  舞楽が奉納される。
- 7月1〜31日 祇園祭(八坂神社)
- 8月7〜10日 五条坂陶器まつり(五条坂一帯)
  約400の露店が集まる。
- 8月16日 五山送り火
  盆行事の1つで、5つの山の中腹に文字などをかたどった送り火が点火される。
- 9月9日 烏相撲(上賀茂神社)
  子どもによる相撲が奉納される。
- 10月1〜5日 ずいき祭(北野天満宮)
  五穀豊穣をいのる秋祭り。
- 10月22日 時代祭(平安神宮)
- 12月7〜8日 大根焚き(千本釈迦堂)
  境内にあるかまどに大鍋をかけて、厄除けの大根を焚く。
- 12月8日 針供養(法輪寺)
  全国から集まった針の供養をする。
- 12月31日 をけら詣り(八坂神社)
  境内の「をけら灯籠」から吉兆縄に火をうつし、家に持ち帰って新年を祝う。

## 古都の季節をいろどる行事

年間5000万人以上もの観光客を集める京都の魅力の1つが、1年を通じて行われる行事です。それぞれに季節のおもむきとともに、長い歴史が育んだ京都の優雅さを感じることができます。

### 1月 蹴鞠はじめ

下鴨神社の正月行事で、平安時代に貴族が楽しんだ「蹴鞠」が行われる。平安貴族の衣装を着た人たちが、鹿の皮をぬいあわせてつくった鞠を蹴りあって、たくみな足さばきを競う。

### 5月 葵祭

下鴨神社、上賀茂神社の祭りで、祇園祭、時代祭とならぶ京都三大祭の1つ。平安時代の貴族の姿を再現した行列が京都御所を出発し、下鴨神社をへて上賀茂神社へ向かう。行列は、葵の葉でかざられる。

### 7月 祇園祭

八坂神社の祭りで、およそ1100年前に、疫病退散を祈願したのが始まりといわれる。約1か月間行われるが、ユネスコの無形文化遺産となっている山鉾巡行がいちばんの見どころ。17日の前祭のあとに、2014年から復活した後祭が24日に行われる。

### 10月 時代祭

平安神宮の祭り。桓武天皇が平安京に入った日を祝う行事で、1895年に行われた平安遷都千百年記念祭以後、行われるようになった。約2000人が、平安時代から明治時代までの衣装を着て、京都御所から平安神宮へ向かう。

## 京都を楽しむ！ コースづくりのコツ

京都の見どころをじっくりと楽しむために、旅の計画をしっかりと立てましょう。そのためのポイントを紹介します。

### ❶ 交通手段を知って、移動をスムーズに！

京都市内の移動には、バスや地下鉄などさまざまな手段があります。どの交通機関が便利か、知っておきましょう。

【バス】
京都市内の移動には、バスが便利です。大きく分けて4種類のバスが運行しており、それぞれに特徴があります。

▲京都市内をくまなく結ぶ「市バス」。

#### 京都市内を走るおもなバス

**○京都市営バス**
通称「市バス」。さまざまな路線が京都市中にはりめぐらされている。運賃が均一料金の路線と、行き先別に設定されている路線がある。乗りつぎをする場合、バス停が少しはなれていることもあるので注意。

**○京都バス**
おもに、京都市北部や、西部の嵐山方面への路線を運行している。

**○京阪バス**
京都市の東部、山科区方面への路線が多い。

**○JRバス**
JR京都駅と仁和寺や栂ノ尾（高山寺）、高雄（神護寺）などを結ぶ「高雄・京北線」などを運行している。

#### 便利でお得な乗車券

観光客にうれしい、割引チケットも数種類発行されている。中でも、バスの均一料金の区間が1日乗り放題になる「市バス・京都バス一日乗車券カード」や、市営バス全線、市営地下鉄、京都バス（一部の路線をのぞく）が1日乗り放題となる「京都観光一日乗車券」が便利。

◀市バス・京都バス一日乗車券カード（大人用500円、子ども用250円）

【鉄道】
長距離の移動には鉄道がおすすめです。京都市内では、地下鉄やJR線が便利です。

#### 京都市内のおもな鉄道

**○市営地下鉄**
京都市内の南北をつなぐ「烏丸線」と、東西に横断する「東西線」があり、2つの線は烏丸御池駅で交わる。各駅の出口近くにはバス停があり、乗りかえしやすいようになっている。

**○JR線**
京都と大阪をつなぐ「京都線（東海道本線）」、嵐山方面を走る「嵯峨野線（山陰本線）」、伏見・宇治方面を走る「奈良線」などがある。

**○近畿日本鉄道（近鉄）**
京都と奈良をつなぐ「近鉄京都線」は、伏見方面への移動に便利。

**○京阪電車**
京都、大阪、滋賀をつなぐ。宇治方面、東山方面への移動に便利。

**○阪急電鉄**
嵐山方面を走る「嵐山線」、市街地と大阪をつなぐ「京都線」がある。大阪から京都中心部・嵐山方面への移動に便利。

**○京福電気鉄道**
嵐山方面を走る「嵐山本線」や北野方面を走る「北野線」で知られる「嵐電」を運行。嵐山方面や北野方面の観光に便利。

**○叡山電気鉄道**
八瀬、貴船、鞍馬など、洛北方面へ行くのに便利。

## ❷「まわり方」を決めよう

旅先では、できるだけ多くの場所をめぐりたいもの。まわり方を考えるうえでのポイントを、例を交えて紹介します。

### 考え方の例❶ バスの路線で決める

京都を走るバス路線の中には、有名な観光地をたくさんめぐるものがあります。そうした路線を利用すれば、効率よくまわれます。

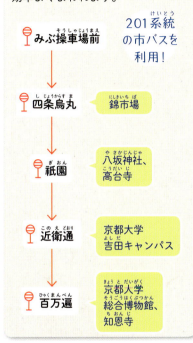

### 考え方の例❷ 範囲を決めてまわる

名所が集中している地域をさがすのも、1つの方法。この方法のよいところは「歩いてめぐれる」ということ。名所とともに、まちなみや、地元の人々のくらしぶりなどもゆっくりと見学できます。

▶京都御苑の付近。せまい範囲で8か所をまわれる。

### 考え方の例❸ 「見たい場所」をまわる

「どうしてもここが見たい」という場所がある場合、その場所を中心にして、時間配分を考え、コースをつくることができます。この本では、テーマ別にさまざまなコースを紹介しているので、参考にしてください。

京都国立博物館と国際マンガミュージアムが見たい！

コース候補2に決まり！

---

### 出発する前に……

#### 訪問する予定の施設に、確認の電話をしよう！

京都をめぐるコースが決まったら、訪れる予定の施設に、確認の電話をしましょう。開館日や開館時間などが変更になっていることもあります。

#### 電話をするときに伝える順番

①学校名と名前
②訪れる予定の日時と人数
③見学したいものを伝え、その時間に見ることができるかどうか、確認する

#### 体験学習の申しこみをしよう！

京都には、体験学習ができるさまざまな施設があります。事前に電話をして、予約申しこみをしましょう。上の確認事項にくわえて、右の事柄を聞きましょう。体験学習は予約でいっぱいになることがあるので、早めの予約がおすすめです。念のために、こちら側の電話番号（学校）も伝えておくと、急な変更の場合に安心です。

#### 体験申しこみ時に聞くこと

①必要になる1人あたりの費用
②必要な時間
③持っていくもの、のぞましい服装
④製作の場合、持ち帰りが可能か（送付してもらえるかどうか）

▲京都市観光協会が発行している、京都修学旅行パスポート。各施設で優待や特典を受けることができる。申しこみは学校単位になっている。

テーマ別に見る京都の名所①

# 平安京のおもかげをめぐろう

平安京がきずかれたのは今から1200年以上も前のことですが、京都には今なお、当時のおもかげを残す場所があります。古都のおもかげを、めぐってみましょう。

### 上賀茂神社 世界遺産
下鴨神社とともに、平安京ができる前から存在する古社といわれる。雷神を祀り、厄除け、八方除け、雷除け、必勝の神として信仰を集めた。

### 朝堂院跡石碑
朝堂院は、大内裏の中にあり、重要な儀式が行われた建物群。東西に6堂ずつ、計12堂あった。

### 大極殿跡石碑
大極殿は平安京の中でもっとも重要な建物で、天皇が位につく儀式などが行われた。

### 平安京創生館
平安京の復元模型や、出土品などが展示された施設。2006年10月に開館。平安時代風の衣装を着て記念撮影ができる。

### 羅城門跡石碑
朱雀大路の南のはしにあった、都の正門。幅約35m、奥行約9m、高さ約21mあったといわれる。

### 西寺跡石碑
羅城門をはさんで、東西対称に2つの寺があった。西寺は鎌倉時代に五重塔が焼失してからはおとろえ、今は東寺だけが残る。

### 神泉苑
くわしくは13ページ

## おすすめのコース

### コース候補 1
平安京の石碑をめぐって、平安神宮に行くコース。石碑めぐりは徒歩で、東寺から神泉苑まではバスを使おう。平安京の広さが実感できるはずだ。時間があれば、平安京創生館にも足をのばしてみよう。

### コース候補 2
平安時代から続く古い寺社をめぐるコース。上賀茂神社から下鴨神社へは4番の市バスが便利。下鴨神社から東寺までは、市バスの205番に乗ろう。40分ほどで着く。

ここもいっしょにまわれるかも!?

都がうつされた当時の平安京の範囲

コース候補 1

### 下鴨神社 【世界遺産】

上賀茂神社とならぶ京都最古の神社の1つ。京都に都がうつる前から朝廷に大切にされていた。2つの社の神紋（紋章）はフタバアオイで、葵祭は別名、賀茂祭という。

### 平安神宮
くわしくは10ページ

### 東寺（教王護国寺）【世界遺産】
くわしくは12ページ

---

## もっと知りたい！平安京のひみつ！

### 日本の首都だった平安京！

平安京の通りは、東西と南北にまっすぐ通り、碁盤の目のように交わっていた。天皇の住まいであり、政治の中心でもあった広大な大内裏からは、幅が84mの朱雀大路がのびていたという。

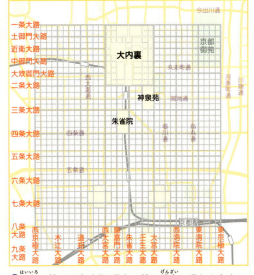

▲灰色の線は平安時代、黄色の線は現在の通りを表す。

左の地図が表しているのはこの範囲

### 醍醐寺 【世界遺産】
くわしくは13ページ

### 平等院 【世界遺産】
くわしくは14ページ

### 宇治上神社 【世界遺産】
菟道稚郎子、応神天皇、仁徳天皇を祀る。本殿は現存する神社建築としては日本最古。

# 平安神宮

1895（明治28）年、平安京に都がうつって1100年たったのを記念して創建された。明治維新によって天皇が東京へうつった後、京都の人々は幕末の戦乱であれ果てた市街地の復興に取り組んだ。新しい町づくりを進めるなかで、京都の伝統と栄華を後世に伝えるためのシンボルとして、建てられたのが平安神宮だ。

重要な儀式を行った「朝堂院」の建物を縮小して再現した社殿！

大極殿　重要文化財

白虎楼　重要文化財

社殿を上から見ると……
本殿／大極殿／蒼龍楼／神楽殿／白虎楼／額殿／応天門

## 「朝堂院」ってどんな場所？

平安京の大内裏にあり、国家の重要な儀式を行った建物群が朝堂院です。東西に6堂ずつ、計12堂ありました。平安神宮の社殿は、それらの一部を約8分の5に縮小して復元しています。正面には朱色があざやかな応天門があり、その内側に向かい合って建つ神楽殿と額殿は、朝集堂（臣下がひかえた建物）を再現したもの。

平安神宮の拝殿である大極殿も、平安京の朝堂院の正殿である大極殿を模したもので、左右に蒼龍楼と白虎楼が置かれ、前庭には「左近の桜」と「右近の橘」が配置されています。

### 平安京の守り神、白虎と蒼龍の石碑を発見！

白虎

蒼龍

◁応天門から入ってすぐの前庭の左右に、白虎と蒼龍（青龍）の石像がある。同じ名前の楼閣もある。

### 人物

**桓武天皇（737〜806年）**
第50代天皇。781年に即位。奈良の寺院の力が強まり、政治に影響が出てきたため、都を新しい土地にうつす計画を立てた。784年に長岡京（長岡京市、向日市、京都市西京区）をつくったが、わずか10年後、北東に10kmはなれた平安京にうつった。唐から帰国した僧の最澄と空海を保護し、新しい仏教を広めた。

---

**創建** 1895年　**祀られている神** 桓武天皇、孝明天皇

**拝観できる時間**
8:30〜17:30（3月1日〜14日）
8:30〜18:00（3月15日〜9月30日）
8:30〜17:30（10月1日〜10月31日）
※10月22日は9:30〜12:00
8:30〜17:00（11月1日〜2月末日）
※各期間、受付は見学終了時間の30分前まで

**見学時間の目安** 60分
**最寄りのバス停、駅** 岡崎公園 美術館・平安神宮前（市バス）、東山駅（地下鉄東西線）、三条駅、神宮丸太町駅（京阪電車）

蒼龍楼 【重要文化財】

参道の入り口には大鳥居が！

応天門

▲平安神宮といえば、大鳥居を思いうかべる人も少なくないだろう。高さは24.2m、柱の太さは3.63mもある。現在見られるのは1929(昭和4)年に完成したもの。

## もっと知りたい！平安京のひみつ！

## 「大内裏」ってどんな場所？

政治の中心地、大内裏のしくみを見てみましょう。

平安京の姿(模型)

- 大内裏。「平安宮」ともいう。
- 神泉苑
- 幅84mともいわれる 朱雀大路
- 西寺
- 羅城門
- 東寺

大内裏部分の模型
- 内裏
- 豊楽院
- 朝堂院

天皇が住み、政治など行う場所を「内裏」といいました。そのまわりには政治や国家的行事が行われた「朝堂院」、国家的行事のときに宴会が行われた「豊楽院」などの官庁が集まっており、これを「大内裏」といいます。また、内裏、朝堂院、豊楽院の中には、それぞれその中心となる「正殿」が設けられていました。

大内裏

内裏・紫宸殿・大極殿・朝堂院・豊楽院

■は正殿

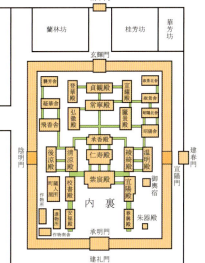

内裏

朔平門／蘭林坊／桂芳坊／華芳坊／玄輝門／観音舎／貞観殿／宣耀殿／教envelope北舎／登華殿／常寧殿／飲hydrogen舎／凝華殿／弘徽殿／麗景殿／飛香舎／昭陽舎／陰明門／承香殿／温明殿／後涼殿／清涼殿／仁寿殿／綾綺殿／建春門／宜陽殿／御輿宿／校書殿／紫宸殿／宜陽殿／朱器殿／蔵人所／町屋／安福殿／春興殿／作物所／清器所／朱器殿／宜陽門／承明門／建礼門／作物南舎

# 東寺（教王護国寺）

都の南玄関である羅城門の東に建てられた。何度も修復・再建されながら、今も平安時代と同じ場所に建っている。唐で仏教を学んだ僧の空海が真言宗の道場として発展させた寺だ。現在の五重塔は、江戸時代のはじめに3代将軍徳川家光によって建てられたもの。

国宝

木造の建築物では日本一の高さの五重塔

東寺は何度も災害にあいながらも建てなおされてきた。廻廊など、失われた建造物もあるが、寺の範囲は創建当時と変わらない。

| | |
|---|---|
| 創建 | 796年（工事がはじまった年） |
| 宗派 | 真言宗 |
| 拝観できる時間 | 8:30～17:00（3月20日～4月17日）<br>8:30～18:00（4月18日～9月19日）<br>8:30～16:30（9月20日～3月19日） |
| 見学時間の目安 | 30分～1時間 |
| 最寄りのバス停、駅 | 東寺東門前、東寺南門前、九条大宮、東寺西門前（市バス）、東寺駅（近鉄） |

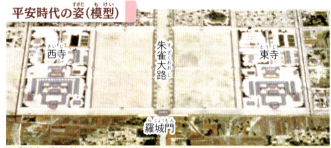

平安時代の姿（模型）

西寺　朱雀大路　東寺

羅城門

平安京の玄関口、羅城門の両脇に「西寺」と「東寺」が建っていた。西寺は13世紀に焼失してしまい、今は唐橋西寺公園に石碑が立っている。

**見どころウォッチング**　空海の説いた「悟り」の境地を立体的に目にすることができる。

講堂内部

大日如来

仏像の配置が「曼荼羅」と同じ!?

## 中国から持ち帰った「密教」の教えを立体的に再現！

重要文化財の講堂には、中央に真言密教の中心である大日如来をはじめとする、五智如来が安置されています。その右側に五大菩薩、左側に五大明王など、合計21体の仏像がならびます。この配置は、空海の密教の理想を表す立体曼荼羅であるといわれています。

◀曼荼羅のイメージ。仏や菩薩の配置が、宇宙の真理など密教の世界観を表している。

**人物　空海（774～835年）**
京都で仏教を学んだ後、国内の聖地をまわって修行し、唐（中国）で密教*を学んだ。帰国後は紀伊国（和歌山県）高野山と、東寺を拠点として全国をめぐり、真言宗を広めようと努めた。

＊密教とは古いインドの宗教の影響を受けた仏教の一派。大日如来を中心とする。人間の理性ではとらえることができない秘密の教えで、儀式や象徴を通して真理を表現することができるとする。

## 神泉苑　史跡

平安京ができた当時、大内裏の南にあった池を整備し、東西250m、南北500mの禁苑（天皇のための庭）がつくられた。清らかな水が絶えずわき出るので神泉苑と名づけられた。

### 平安時代の姿（模型）

朱雀門の南東にあった泉がわき出す池を、桓武天皇が庭として整備させたのが神泉苑のはじまり。天皇や朝廷に仕える貴族だけの遊び場とした。

この広大な池の一部が今も残る

**天皇の離宮の庭園だった場所！**

桓武天皇がここで最初に宴を開き、その後、天皇や公家が舟をうかべて歌や音楽を楽しむようになった。812年に嵯峨天皇がもよおした「花宴の節」は、日本最初の花見といわれる。

### 京都の人々に親しまれてきた「御池」

京都市の中心部を東西に走る「御池通」の名は、神泉苑の池に由来します。平安京ができる前からこの場所には多くの池沼があり、それを利用して神泉苑がつくられました。干ばつのときには神泉苑の水が役に立ち、京都の人々から「御池」とよばれました。

---

創建 794年　宗派 真言宗

拝観できる時間 8:30～20:00

見学時間の目安 20分

最寄りのバス停、駅 神泉苑前（市バス）、二条城前駅（地下鉄東西線）、大宮駅（阪急電鉄）、二条駅（JR嵯峨野線）

---

## 醍醐寺

空海の孫弟子、聖宝によって創建された寺。15世紀後半の応仁の乱で建物のほとんどが焼失したが、五重塔だけが奇跡的に残った。内部にえがかれた古い密教絵画も平安時代の作品として貴重。1598年には豊臣秀吉が盛大な花見をもよおした。「醍醐の花見」とよばれるそのできごとにちなんで、毎年4月にはなやかな「豊太閤花見行列」が行われる。

**五重塔　国宝**

京都にただ1つ残る、平安時代の木造の塔

醍醐天皇*の霊をなぐさめるため、951年に建てられた。京都府に残るもっとも古い木造建造物で、内部の壁画も国宝だ。

*第60代天皇。897年に、13歳で即位した。

---

創建 874年　宗派 真言宗

拝観できる時間

【三宝院庭園・殿舎・伽藍・醍醐寺霊宝館】

9:00～17:00（3月から12月第1日曜日まで）

9:00～16:00（12月第1日曜日の翌日から2月末まで）

見学時間の目安　1～2時間

最寄りのバス停、駅 醍醐寺、醍醐寺前（京阪バス）、醍醐駅（地下鉄東西線）

# 平等院

宇治市にある、藤原一族の栄華を今に伝える寺院。もともとは藤原道長の別荘だったが、藤原氏の全盛期だった1052年、藤原頼通が寺院とした。翌年に建てられた鳳凰堂は、苦しみのない死後の世界、「極楽浄土」をこの世に再現したもので、国宝の阿弥陀如来坐像を安置している。

鳳凰堂　国宝　中堂

**お金と深いかかわりがある!?**

建物全体は10円玉の表面に、屋根に乗る鳳凰像は１万円札の裏面に印刷されている。

▲10円玉の表面

**創建** 1052年　**宗派** いずれの宗派にも属さない

**拝観できる時間**
【平等院庭園】8:30〜17:30
※受付は17:15まで
【平等院ミュージアム鳳翔館】9:00〜17:00
※受付は16:45まで
【鳳凰堂内部】9:30〜 20分ごとに50名ずつ
※受付は9:10〜16:10
※内部拝観希望者が多数の場合、
　最終受付前に終了する場合あり

**見学時間の目安** 1時間
**最寄りの駅** 宇治駅（ＪＲ奈良線・京阪電車）

## 人物

**藤原道長（966〜1027年）**
藤原鎌足に始まる藤原一族を、平安時代中期にもっとも繁栄させた人物。出世を重ねて権力をにぎり、娘を天皇の后にすることで３代の天皇と親戚になった。摂政になって政治を動かし、太政大臣にまでのぼりつめた。

**藤原頼通（992〜1074年）**
道長の子として藤原氏の全盛期をささえ、３代の天皇を50年にわたって摂政・関白として助けた。しかし、藤原氏の女性を母としない天皇の登場をきっかけとして、藤原氏の力はしだいにおとろえた。

**見どころウォッチング**
鳳凰堂は、本尊を祀る中堂の左右に、鳥が羽根を広げたように見える廊下をそなえた、豪華な建築様式。彫刻、絵画、工芸が一体化して、国宝がひしめくような空間となっている。

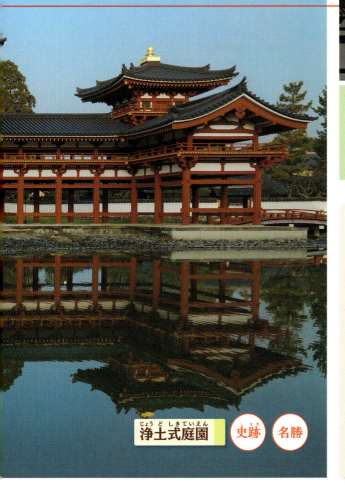

浄土式庭園　史跡　名勝

### 国宝　阿弥陀如来坐像

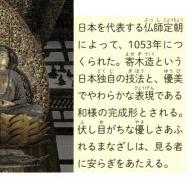

日本を代表する仏師定朝によって、1053年につくられた。寄木造という日本独自の技法と、優美でやわらかな表現である和様の完成形とされる。伏し目がちな優しさあふれるまなざしは、見る者に安らぎをあたえる。

### 人物　定朝（？〜1057年）

100人以上の仏師が作業する大工房をもち、数々の仏像をつくって、僧として高い位についた。各地に定朝作と伝えられる仏像はあるが、現存するもので確かなのは平等院の阿弥陀如来坐像のみ。

### 『平家物語』にも登場する平等院

源頼政は、『平家物語』にヒーローとして登場する武将です。平安時代末期の1180年、頼政は平家をほろぼそうと宇治を舞台に決戦にのぞみましたが、力およばず、辞世の歌を残して平等院で自害しました。そのとき残したのが、この和歌です。

埋もれ木の　花咲くことも　なかりしに
身のなる果てぞ　悲しかりける

埋もれ木の花が咲くことがないように、わたしの一生もときめくこともなく、その身の最期もまた悲しいことだ。

▶源頼政の墓。江戸時代に平等院の中に新しく建てられた。

### 「平安」な世の中が終わる!?　平安時代末期に流行した末法思想

平安時代の末に広まった「末法思想」とは、「仏教の力がおとろえ、やがて世の中の終わりがやって来る」という考え方です。当時、実際に天災や人災がひんぱんに起こったため、世の中に不安が広がりました。そこで、人々は、死後に極楽に生まれ変われるようにと、念仏をとなえて阿弥陀如来に祈りました。
阿弥陀如来坐像を安置する平等院鳳凰堂は、こうした背景のもと、つくられたのです。

### 鳳翔館

平等院の境内にある歴史博物館。国宝に指定されている梵鐘、鳳凰や、貴重な出土品を見られる。中でも雲中供養菩薩像は一見の価値がある。また、最新のデジタル技術をつかった映像や、国宝の数々を超高精密画像で検索できるシステムもそなえる。

> もっと知りたい！
> 京都のひみつ！

## 足をのばして行きたい名所

京都は中心部から少しはなれても、見どころがたくさん。
その中から、ぜひ足をのばしてみたい名所を紹介します。

### 鞍馬寺

京都市左京区の鞍馬山の中腹にある寺で、770年に毘沙門天を祀ったのがはじまりとされています。平安時代には京都の北を守る寺として信仰を集めました。また、源平合戦で大活躍した源義経が幼いころ修行をした場所としても有名です。毘沙門天は国宝に指定されています。

仁王門

**650万年前、金星から魔王尊が降臨!?　ふしぎな伝説が残る寺！**

▶仁王門前の狛犬ならぬ阿吽の2頭の狛虎。虎は本尊の毘沙門天の使い、「神獣」とされる。
阿！／吽！

鞍馬奥の院・魔王殿

◀650万年前に金星から地球に降臨したという「魔王尊」を祀るお堂。貴船神社へ向かう山道のとちゅうにある。

「天狗の里」鞍馬

◀「鞍馬天狗」の伝説が残っているように、鞍馬寺は天狗とのゆかりが深い。

### 貴船神社

**水源の守り神を祀る神社**

▽貴船神社と鞍馬寺は、徒歩でめぐることもできる。ただ、「木の根道」とよばれる山道をつたっていくので、時間は最低でも3時間ほどは見ておこう。

いつ建てられたかは不明ですが、1300年以上の歴史があります。水神を祀り、今も農業、漁業、酒の醸造業を営む人たちからの信仰を集めています。古くは「氣生根」とも表記され、「気の生ずる根源」の地と考えられました。縁結びの神として、若い人に人気があります。

# 天橋立 (あまのはしだて) 特別名勝

日本三景の1つ！

**メモ**
京都駅よりJR山陰本線の特急で2時間、天橋立駅で下車。西舞鶴駅からは京都丹後鉄道も通っている。

## 神話にも関係のあった場所？

海底の砂が波で集められて細長く積もったものが砂州で、京都府北部の宮津市にある「天橋立」は、その代表例です。宮城県の「松島」、広島県の「宮島」とならび、江戸時代から「日本三景」の1つとされてきました。

その美しく神秘的な景観は、神話の舞台にふさわしく、日本の国土をつくったというイザナギの神が、天と地を行き来するためにつくられた橋だといわれます。

**天橋立神社**
▲天橋立の中に建つ神社。真水がわくふしぎな井戸もあり、恋愛運のパワースポットとしても人気。

**股のぞき**
▲天橋立を股の間からのぞくと、龍が舞うように見える場所がある。このながめを飛龍観という。飛龍観を楽しめる股のぞき台は「天橋立ビューランド」の中にある。

**元伊勢籠神社**
▲三重県の伊勢神宮に祀られている天照大御神、豊受大御神は、この地から伊勢にうつされたといわれることから「元伊勢」という名がついている。

テーマ別に見る京都の名所②

# 物語の世界をめぐろう

京都は日本の古典文学と切りはなせない土地。京都を舞台に、多くの物語や随筆、和歌が生まれました。今でも、作品ゆかりの場所があちこちにあります。

## おすすめのコース

**1 源氏物語コース**
『源氏物語』ゆかりの地と、風俗博物館をめぐるコース。廬山寺から風俗博物館までは市バス205番を、野宮神社へはJR嵯峨野線に乗ろう。

### 名古曽滝跡
『今昔物語』に登場する名古曽滝は、離宮嵯峨院の庭に人工的につくられたもの。百人一首にも登場する。

### 長泉寺
『徒然草』の作者、吉田兼好のゆかりの寺。兼好の墓と伝えられる兼好塚と、歌碑がある。

### 仁和寺 世界遺産
→くわしくは20ページ

### 野宮神社
→くわしくは21ページ

### 常寂光寺
藤原定家が百人一首をまとめた小倉山の中腹にあり、境内からは嵯峨野を一望できる。創建は1596年で、建物の多くは江戸時代初期のもの。

### 時雨殿
→くわしくは22ページ

### 宇治市源氏物語ミュージアム
『源氏物語』のはなやかな世界を、映像や模型で紹介。復元された牛車や十二単のほか、貝合わせや双六など貴族の遊びも展示され、王朝文化を学ぶことができる。

### 橋姫神社
→くわしくは22ページ

### 三室戸寺
四季折々に美しい花が咲くので「花の寺」として有名。宇治川の支流で黄金の仏像が見つかったのがきっかけで、8世紀に建てられた。

### さわらびの道
「源氏物語散策の道」として、人々に親しまれている。宇治十帖ゆかりの古跡や神社などがあり、『源氏物語』の世界にひたることができる。

## ② 源氏物語2コース（宇治市内）

『源氏物語』の最後の10巻『宇治十帖』ゆかりの地を歩いてめぐるコース。三室戸寺から源氏物語ミュージアムまでは徒歩20分ほど。ゆとりがあれば、宇治上神社や平等院に立ちよってみよう。

## ③ 徒然草コース

『徒然草』にゆかりの3か所をめぐるコース。長泉寺から仁和寺までは歩いて10分ほど。千本釈迦堂までは10番の市バスが便利。

## ④ 小倉百人一首コース

小倉百人一首にゆかりの地を歩いてめぐるコース。名古曽滝跡から常寂光寺までは徒歩20分、さらに時雨殿には徒歩10分ほどで着く。大覚寺や天龍寺に、立ちよるのもおすすめ。

---

### 千本釈迦堂（大報恩寺）
正式名称は大報恩寺。夫を守るために死んだおかめの物語などで有名。『徒然草』228段に、3月に行われる「千本の釈迦念仏」行事のはじまりの記述がある。

### 廬山寺
➡ くわしくは21ページ

### 風俗博物館
『源氏物語』に出てくる六条院の館のうち、「春の御殿」を4分の1の大きさの模型にして再現。平安時代の装束を試着することもできる。

---

## どんな物語？

### 源氏物語
天皇の子である光源氏は、はなやかな宮廷生活を送りながら、幼いころに亡くした母の面影を追い求める。過ちを犯しながら多くの女性と付き合うが、思うようにはいかず、最後は都からはなれ、出家する。「もののあはれ」（無常観）や仏教の思想が物語の根底にある。

『宇治十帖』は、光源氏の死後、宇治を舞台にした恋愛物語だ。光源氏の妻だった女三の宮の息子（本当の父親は柏木）の薫と、光源氏の孫の匂宮が主人公。こちらも最終的には思い通りにならず、無常観を残して終わる。

### 徒然草
清少納言の『枕草子』、鴨長明の『方丈記』とならぶ日本三大随筆の1つ。鎌倉時代末期に吉田兼好が書いたとされる。とくにストーリーはなく、人生論のようなもので、日々の出来事や感想、実用的な項目など、さまざまな事柄が書かれている。

### 小倉百人一首
古代から鎌倉時代初期までの100人の歌人の和歌を1人1首ずつ選んでまとめたもの。選者は藤原定家で、京都の小倉山でまとめたことから、この名前がついた。

➡ 藤原定家のプロフィールは23ページ

# 仁和寺

ゆかりのある物語 徒然草

宇多天皇が888年に建てた寺。「御室御所」ともよばれている。15世紀後半の応仁の乱で焼失したが、江戸時代の初めに3代将軍徳川家光の許しを得て再建された。御所から紫宸殿（現在の金堂）や清涼殿（御影堂）などが移築されて創建時の姿を取りもどすことができた。宇多天皇以来、皇室の出身者が代々門跡（住職）を務めた。

---

創建 888年　宗派 真言宗

拝観できる時間　9:00～17:00（3月～11月）
　　　　　　　　9:00～16:30（12月～2月）
※受付は見学終了時間の30分前まで

見学時間の目安　1時間

最寄りのバス停、駅　御室仁和寺（市バス・JRバス）、御室東（JR循環バス）、御室仁和寺駅（嵐電北野線）

---

## 人物

### 吉田兼好（1283？～1352年？）

鎌倉・南北朝時代の歌人で随筆家。もとは、卜部兼好という名前。京都市にある吉田神社の神主の家の出身であることから、吉田兼好と称された。後二条天皇に仕えたが、天皇の死後、宮廷を去って出家した。『徒然草』の著者として有名。

---

## 金堂　国宝

**江戸時代のはじめ、御所の紫宸殿を移築した建物！**

1613年に建てられた御所の正殿、紫宸殿を、寛永年間（1624～1644年）になってここへうつし、再建した。屋根はヒノキの皮で葺かれていたが、瓦葺きにされた。今に残る宮廷建築の貴重な遺構。

---

## 「仁和寺の法師」にまつわる話

吉田兼好の『徒然草』には、仁和寺の僧に関するおもしろい話が登場します。

仁和寺にある法師、年寄るまで石清水を拝まざりければ、心うく覚えて、ある時思ひ立ちて、ただひとり、徒歩より詣でけり。極楽寺・高良などを拝みて、かばかりと心得て帰りにけり。さて、かたへの人にあひて、「年比思ひつること、果し侍りぬ。聞きしにも過ぎて尊くこそおはしけれ。そも、参りたる人ごとに山へ登りしは、何事かありけん、ゆかしかりしかど、神へ参るこそ本意なれと思ひて、山までは見ず」とぞ言ひける。少しのことにも、先達はあらまほしき事なり。

ある仁和寺の法師が、年をとるまで石清水八幡宮へ参ったことがなかったので、思い立って1人で出かけた。山のふもとの社を拝み、「これで全部見た」と、仁和寺へ帰ってきた。仲間に会い、「長年の思いをはたした。聞きしにまさる尊さだった。しかし、ほかの参拝客が、山を登って行ったのはなぜだろう？わたしは参拝が目的だったので、山までは見なかったが」と話した（石清水八幡宮は山頂にあるのに、この法師はそれを知らず、ふもとの社だけしか行かなかったのである）。ちょっとしたことでも、案内人がほしいものだなあ。

## 廬山寺

**ゆかりのある源氏物語**

かつて紫式部の邸宅があった場所に建つ寺。紫式部は、人生のほとんどをこの場所で過ごしたため、『源氏物語』もここで書いたと推定される。廬山寺は、平安時代の半ばごろに船岡山の南に創建されたが、室町時代の応仁の乱で焼失。16世紀に、紫式部の邸宅跡である、現在の場所にうつされた。

源氏庭

夏には、紫式部の名にちなんだむらさきのキキョウが咲く

### 人物 紫式部（973？〜1014？年）

学者の藤原為時の娘で、小さなころから才女として評判が高かった。貴族の藤原宣孝と結婚して娘を1人産み、夫の死後、藤原道長の娘で一条天皇の后、彰子に仕えた。中国の詩文について講義をし、合間に『源氏物語』や『紫式部日記』を書いたと伝えられる。

創建 938〜947年　宗派 天台圓浄宗
拝観できる時間 9:00〜16:00
見学時間の目安 30分
最寄りのバス停 府立医大病院前（市バス）

## 野宮神社

**ゆかりのある源氏物語**

天皇の代理として伊勢神宮の神に仕えた「斎宮」が、伊勢に向かう前に身を清めた神社。黒木の鳥居の美しいようすは、源氏物語の第十帖「賢木」にもえがかれている。現在は縁結びの神、子宝・安産の神として信仰を集める。

美しい黒木の鳥居で知られる神社！

### 光源氏を愛するあまり怨霊になった女性、六条御息所も滞在

六条御息所は光源氏の恋人の1人で、怨霊となって恋敵を呪い殺すなど、強い嫉妬心を持ちます。「斎宮」となった娘とともに伊勢へ行くとちゅう、ここに滞在。光源氏が六条御息所をたずねて野宮神社へやって来る場面が『源氏物語絵巻』にもえがかれています。

創建 不明
祀られている神 野宮大神、愛宕大神、白峰弁財天、白福稲荷大明神、大山弁財天、野宮大黒天
拝観できる時間 9:00〜17:00
見学時間の目安 15分
最寄りのバス停、駅 野々宮（市バス）、野の宮（京都バス）、嵐山駅（嵐電嵐山本線）、嵯峨嵐山駅（JR嵯峨野線）

## 橋姫神社

**ゆかりのある物語　源氏物語**

都と宇治を結ぶ宇治橋は、日本最古の橋といわれる。橋姫神社は宇治橋の守り神として、7世紀から今日まで人々を見守ってきた。『源氏物語』の『宇治十帖』は、「橋姫」という帖からはじまる。都から宇治へと舞台がうつり、若い貴族の薫と、天皇の子・匂宮の恋物語が幕を開けるのだ。

| | |
|---|---|
| 創建 646年？ | 祀られている神　瀬織津比咩（橋姫） |
| 拝観できる時間　いつでも可 | 見学時間の目安　15分 |
| 最寄りの駅　宇治駅（JR奈良線・京阪電車） | |

### 平安時代、貴族の別荘地として親しまれた宇治

自然が美しい宇治は、平安時代、都の貴族たちの別荘地として親しまれていました。とくに藤原氏にとっては先祖代々の墓所が置かれた特別な場所でもあったため、平安時代の文学作品に、宇治の名がよく登場します。

▲琵琶湖を水源とする宇治川。ホタルの名所としても知られた。写真の橋は宇治橋。

## 時雨殿

**ゆかりのある物語　小倉百人一首**

小倉百人一首をテーマとし、その世界を体感できる博物館。藤原定家が百人一首を編んだ小倉山のふもと、嵐山に2006（平成18）年にオープンした。常設展示スペースには、100体の歌仙人形や、歌をよんでいる場面を再現したジオラマなどがある。

歌人の姿を「歌仙絵」という絵をもとに再現した人形がずらり。歌やプロフィールもいっしょに見ることができる。

**歌仙人形**　清少納言

| | |
|---|---|
| 開館 2006年 | |
| 見学できる時間　10:00〜17:00 ※入館は16:30まで | |
| 休館日　月曜日 | |
| 見学時間の目安　1時間 | |
| 最寄りのバス停、駅　嵐山（市バス）、嵐山駅（嵐電嵐山本線・阪急電鉄）、嵯峨嵐山駅（JR嵯峨野線） | |

### 平安時代の神経衰弱？　「貝合わせ」の絵付け体験

時雨殿の体験プログラムの中でも、「貝合わせ」の絵付け体験が人気です。ハマグリなど、二枚貝の貝殻の内側に、絵の具で同じ絵をかきます。遊ぶときは、何対かの貝殻をばらばらにして伏せ、トランプの神経衰弱と同じように2枚をめくって絵が合ったら得点となります。

## もっと知りたい！京都のひみつ！

# 小倉百人一首をまとめた藤原定家ってどんな人？

すぐれた歌人で、数々の名作を残した藤原定家。和歌の研究者としても一流で、小倉百人一首や『新古今和歌集』もまとめました。どんな人物だったのか、見てみましょう。

### 歌をこよなく愛した天才歌人

有名な歌人だった父・藤原俊成の影響もあり、若いころから歌をよみはじめ、その天才ぶりは皇族やほかの貴族にも認められていました。和歌の世界ですぐれた作品を残しただけでなく、古典の研究にもはげみ、大きな業績をあげました。43歳のとき、後鳥羽上皇の命で『新古今和歌集』（約2000首を収録）を、さらに、1374首を収録した『新勅撰和歌集』をまとめました。次の2つの歌は定家の作品です。

**人物　藤原定家（1162〜1241年）**
鎌倉時代初期の歌人。正式な読みは「さだいえ」だが、「ていか」と通称されている。16歳ごろには歌人としてのスタートを切ったといわれる。歌だけでなく、書も一流で、江戸時代に入ると「定家様（流）」とよばれ、書道の様式の1つとして確立された。

**メモ**
勅撰和歌集というのは、天皇や上皇などの命によってつくられた歌集で、『古今和歌集』から『新続古今和歌集』まで21集がある。時代別にすると、平安時代のものが7集、鎌倉時代が9集、南北朝時代が4集、室町時代が1集。

来ぬ人を　まつほの浦の　夕なぎに
やくや　藻塩の　身もこがれつつ
（百人一首）

約束したのに来ない人を待っているうと、まるで松帆の浦（淡路島）の夕なぎのころに焼く藻塩のように、自分の身も恋いこがれ続けている。

見わたせば　花も紅葉も　なかりけり
浦の苫屋の　秋のゆふぐれ
（新古今和歌集）

見わたしてみれば、春の美しい花も、秋の紅葉もここにはない。海辺の苫ぶきの粗末な小屋のあたりに、秋の夕暮れが訪れている。

### 18歳から74歳まで、日記を書き続けた！

定家は18歳から56年間、かかさず日記を書きました。それが『明月記』です。日記には、なぜ小倉百人一首を選定することになったのかも書かれており、定家の性格や生活のようすがわかります。陰陽師が調べた超新星の記録なども記されており、当時の天文学や、公家社会について知るための、貴重な史料でもあります。

**常寂光寺　百人一首ができたと伝えられる場所**

▲京都市右京区嵯峨にある常寂光寺は、藤原定家が小倉百人一首をまとめた場所だという伝説がある。境内には石碑が立っている。

▲ポルトガルから日本に持ちこまれた「Carta（カードのこと）」と、日本の伝統的な遊び「歌覆・歌貝」がまざり合い、現在、「歌かるた」として親しまれる百人一首となった。

もっと知りたい！
京都のひみつ！

## 妖怪が行列して歩いた!?
## 京都の「異界」をめぐろう

平安京の時代から、京都は妖怪がすむ「異界」だった？　信じる人も信じない人も、言い伝えや妖怪にゆかりのものをさがして歩いてみましょう。

「百鬼夜行絵巻」道治模写 上柳家蔵

▲妖怪たちが列をなしてねり歩くようすを「百鬼夜行」という。昔の絵を見ると、妖怪の多くは鍋や釜など古くなった道具が変化した「付喪神」である。

### 平安時代の人には妖怪が見えた？

鬼の語源は「隠（おん）」で、中国で霊魂を意味する「鬼（フィ）」の字が当てはめられたといいます。「百鬼夜行」は、鬼（妖怪）たちが真夜中に集団で歩き回るというもので、平安時代の貴族たちは夜行の日を陰陽師に教えてもらい、その日は外出を避けました。避けられないときは魔除けの札を持ち歩きました。

人間の目に見えないはずの妖怪ですが、その行進のようすをえがいた絵がいくつか残っています。当時の人々には妖怪の姿が見えたのでしょうか？

◀平安時代に活躍した陰陽師、安倍晴明の肖像画。ふしぎな力で予言を行い、「式神」という鬼神をあやつったという。絵の手前に「式神」がえがかれている。

### あの世とこの世の境界、一条通

妖怪と切っても切りはなせない場所が一条通です。平安京のもっとも北を走る通りで、それより北のあの世（霊や妖怪の世界）と、南のこの世（人間の世界）との境界線とされていました。

一条通のまわりでは、妖怪のいろいろなうわさが語られ、物語の題材になりました。平安時代の『今昔物語』や鎌倉時代の『宇治拾遺物語』、吉田兼好の『徒然草』には、人間と妖怪が出会う話が出てきます。

一条通／「百鬼夜行」伝説が残る道

▲妖怪が行進したという伝説がある一条通の商店街では、そのコワイ話を逆手にとり、「妖怪ストリート」と名づけて町おこしに役立てている。

# 妖怪伝説が残る場所

京都には、妖怪が本当にいたのではないかと感じられる場所が、いくつかあります。訪ねてみましょう。

**一条戻橋**

京都市上京区の西陣にある、長さ8mほどの橋。昔は都で亡くなった人を墓地へ運ぶときに通る、いわばこの世とあの世のさかい目の道だったこともあり、ふしぎな話が伝わっています。

亡くなった三善清行という学者の葬列がこの橋にさしかかったとき、遠くからかけつけた息子が、ひつぎにすがってお経をとなえ始めた。すると、ひつぎの中の父が生き返った。そこで、この橋に「一条戻橋」という名がついた。

**鵺大明神**

二条公園の北側の小さな社には、平安時代の末期に武将・源頼政が退治したという、「鵺」とよばれる妖怪が祀られています。毎晩御所にやってきてはぶきみな声で鳴く正体不明の鳥を、頼政が矢で射落とすと、頭は猿、胴体は狸、手足は虎、尾は蛇という、おそろしい姿だったといわれています。

◀社のすぐ横にある鵺池。ここで、鵺の血でよごれた矢をあらったと伝えられる。

**東向観音寺**

平安時代中期の武将・源頼光は、鬼神の酒呑童子など、数々の妖怪退治伝説で知られます。この寺には、彼がたおした妖怪、土蜘蛛の塚があります。この話は、能の「妖怪、土蜘蛛」という演目にもなっています。

▲土蜘蛛塚

## テーマ別に見る京都の名所③

# 京都の新名所をめぐろう!

明治維新後、天皇や政府は東京にうつりましたが、京都が新しい都市として生まれ変わるため、人々は心をひとつにしてさまざまな事業を行いました。その成果を今に伝える場所があちこちに残っています。

### おすすめのコース

#### コース候補 1

京都駅ビルを起点に、近代化した京都のシンボルをめぐるコース。京都タワーから三条通のレンガ建築までは地下鉄烏丸線で烏丸御池駅下車。ゆとりがあれば東本願寺へ立ちよるのもおすすめ。三条通から東映太秦映画村までは、太秦天神川駅で地下鉄から嵐電嵐山本線に乗りかえ、太秦広隆寺駅下車。

#### コース候補 2

博物館めぐりのコース。京都国立博物館から京都大学総合博物館までは、206番の市バスが便利。京都文化博物館までは、市バスの17番に乗って市役所前で下車しよう。京都国際マンガミュージアムまでは、京都文化博物館から歩いてすぐだ。

#### コース候補 3

博物館と、京都の治水に関する場所をめぐるコース。京都国立博物館から水路閣までは、東山三条までバスで行き、そこからバスか地下鉄東西線に乗りかえよう。琵琶湖疏水記念館と蹴上インクラインをまわったら、京都大学総合博物館へ。東山三条までひき返してバスを乗りつぎ、百万遍で下車する。

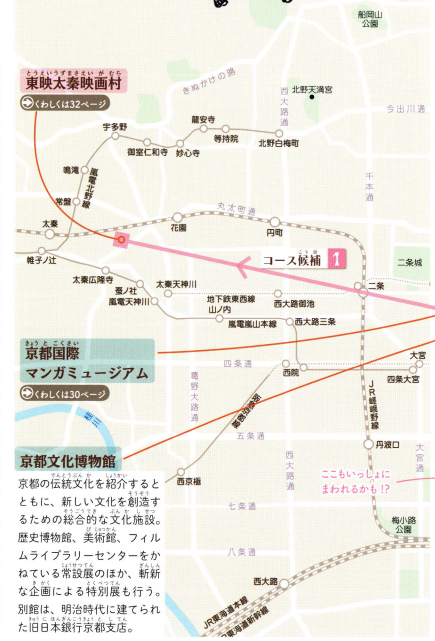

**東映太秦映画村**
くわしくは32ページ

**京都国際マンガミュージアム**
くわしくは30ページ

**京都文化博物館**
京都の伝統文化を紹介するとともに、新しい文化を創造するための総合的な文化施設。歴史博物館、美術館、フィルムライブラリーセンターをかねている常設展のほか、斬新な企画による特別展も行う。別館は、明治時代に建てられた旧日本銀行京都支店。

ここもいっしょにまわれるかも!?

### 京都大学総合博物館
多くのノーベル賞受賞者を輩出した京都大学の構内にある。自然史、文化史、技術史の常設展のほか、さまざまな企画展、特別展を開いている。

### 琵琶湖疏水記念館
琵琶湖の水を京都市へ流すためにつくられた水路、琵琶湖疏水の歴史を学べる施設。水路には舟が通り、水道と発電にも使われ、明治維新後の京都の再生に役立った。

### 蹴上インクライン
琵琶湖疏水のとちゅうの、落差のある場所につくられた傾斜鉄道。舟を台車に乗せて運んだ。約580mは世界最長。

➡38ページに写真あり

### 水路閣
琵琶湖疏水が南禅寺境内を通過できるよう、つくられた水路橋。洋風の赤レンガ造りが新しい時代の到来をつげている。この上を、今も水が流れている。

### 三条通のレンガ建築
東海道の西の起点だった三条通には、明治時代以降、郵便局、電信局、新聞社、銀行などの近代的な建築物が建てられた。それらが保存され、京都市の「歴史的界隈景観地区」に指定されている。

### 京都国立博物館
➡くわしくは30ページ

### 京都タワー
➡くわしくは29ページ

### 京都駅ビル
➡くわしくは28ページ

# 京都駅ビル

初代の京都駅ビルが築かれたのは1877（明治10）年。当時の建物は赤レンガのモダンな建物だった。現在の駅ビルは1997年に建てられた4代目。現代的な設計が印象に残る建物に生まれ変わった。多くのみやげ物店のほか、劇場、ホテル、美術館などもあり、地元の住民から観光客まで、多くの人々でにぎわっている。

完成　1997年（現在の建物）
営業時間　【大階段】6:30〜23:00、【空中径路】10:00〜22:00
　　　　　【京都拉麺小路】11:00〜22:00（21:30オーダーストップ）
見学時間の目安　1時間

## 大階段

171段、高低差が35mあり、11階建てのビルに相当する。コンサートやイベントの会場にもなるが、非常時には避難経路となる。

## 空中径路

中央コンコースは高さ50m、奥行29m、横幅147mの巨大な空間。ふきぬけを4000枚のガラスを使用した大屋根でおおう構造になっていて、その最上部、地上45mに長さ147mの空中径路が通る。

## 国際的な観光都市、京都の玄関口

京都には海外からも多くの観光客が訪れます。京都駅は、その玄関口としての役割をになっています。2014年7月、アメリカの旅行雑誌「トラベルレジャー」が発表した世界の人気観光都市ランキングで、京都がはじめて1位になりました。

▲京都総合観光案内所（京なび）には、外国語のパンフレットもある。

▲外国の通貨を日本円に両替するワールドカレンシーショップ。

### 全国各地のラーメンがせいぞろい！　京都拉麺小路

富山／福岡／福島／京都／東京

# 京都タワー

京都駅前のビル屋上に立つタワー。いっさい鉄骨を使っていない「モノコック構造（飛行機や船に見られるように、筒状の塔体で外からの圧力を受けとめ、全体をささえる構造）」が特徴。このため、ビルの建物にタワーが負担をかけることがない。海のない京都のまちを照らす灯台をイメージしてつくられた。

131m

展望室4・5階 100m

開業 1964年
営業時間 9:00～21:00
※最終入場は20:40
見学時間の目安 1時間

展望室から京都のまちを一望！

京都は、景観保護のために建物の高さが制限されており、まちのすみずみまで見わたすことができる。天気のよい日には大阪まで見える。

ビルは地下3階、地上9階。中にはホテルやレストランのほか、朝7時から営業する大浴場やカフェ、みやげ物店などが集まる名店街がある。

## 京都の景観保護対策

伝統を受けつぐ京都のまちなみを守るため、2007（平成19）年に景観保護条例がまとめられました。「高度地区」に指定された地域では、建物の高さを10m、12m、15m、20m、25m、31mのいずれかに制限すること、まちの中の広告は、表示位置、大きさ、色などを規制することなどが決められました。

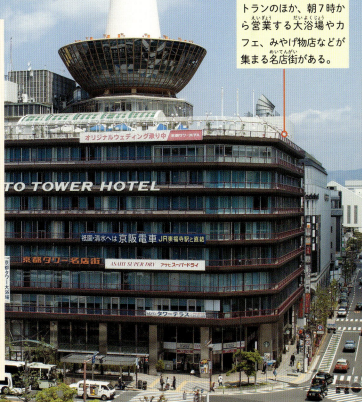

# 京都国立博物館

明治維新後、西洋の文化を積極的に取り入れる「脱亜入欧」、寺や仏像、仏具を取りこわす「廃仏毀釈」などの考え方が強まった。それに対して、貴重な文化財や日本の伝統文化を守ろうという動きが生まれ、その一環として京都国立博物館はつくられた。

明治古都館　重要文化財

正門　重要文化財

「考える人」がお出むかえ！

フランスの彫刻家、ロダン作の「考える人」。「考える人」は20体以上鋳造され、世界各地に設置されているが、京都国立博物館にあるのはその中でも初期に鋳造されたもの。

- 開館　1897年
- 見学できる時間　9:30～17:00
  ※入館は16:30まで。特別展覧会中は変更あり
- 休館日　月曜日
- 見学時間の目安　2時間
- 最寄りのバス停、駅　博物館三十三間堂前、東山七条（市バス）、東山七条、国立博物館前（プリンセスラインバス）、七条駅（京阪電鉄）

# 京都国際マンガミュージアム

京都市と京都精華大学の共同事業で、マンガの収集、保管、展示や調査研究を行うことを目的とし、2006（平成18）年に開館した。建物は、昭和初期に建てられた小学校校舎を活用している。明治時代の雑誌や太平洋戦争後の貸本などの歴史資料をはじめ、現在の人気作品、海外のものまで、約30万点が保存されている。将来は一部がデジタル化される予定。

もとの小学校の校庭を利用した広い中庭。晴れた日には、多くの人が寝ころびながらマンガを楽しんでいる。

マンガのすべてがわかる！

2階のメインギャラリーには、マンガについての疑問にこたえる、充実の展示がある。歴史や社会、産業など分野別に理解できる内容。

- 開館　2006年
- 見学できる時間　10:00～18:00
  ※入館は17:30まで
- 休館日　水曜日（ほかに休館日あり。事前確認がおすすめ）
- 見学時間の目安　1～2時間
- 最寄りのバス停、駅　烏丸御池（市バス・京都バス）、烏丸御池駅（地下鉄烏丸線・東西線）

> もっと知りたい！
> 京都のひみつ！

# 京都の文化を体験！

京都で育まれた文化の中には、衣食住という暮らしに密着したものもたくさんあります。現代に伝わる身近な京文化を体験してみましょう。

## みやびな和菓子を手づくり！

京菓子の老舗甘春堂では、季節に合わせてつくって販売している和菓子を、実際につくることができます。職人がていねいにゆっくりと教えてくれるので、意外とかんたん！

◎できあがったらお皿にきれいにもり合わせ、お茶といっしょにいただく。旅のよい思い出に。

## 宇治茶ができるまでを体験

祇園辻利では、宇治茶ができるまでをビデオで学習したあと、実際に宇治茶の正しい入れ方を無料で体験することができます。抹茶アイスを使ったパフェのもり付け体験もあります（有料）。

## 友禅染めの小風呂敷づくり

京都を代表する工芸の１つが友禅染め。しょうざんリゾート京都が運営する施設で、型紙を使って小風呂敷を染める体験ができます。

---

**京菓子　甘春堂**
営業時間　9:00～18:00
定休日　なし
☎　東店　075-561-1318
　　嵯峨野店　075-861-5488
和菓子づくり体験は1620円（税込み）

**宇治茶　祇園辻利**
営業時間　10:00～22:00
定休日　不定休
☎　075-525-2290（本社ビル）
パフェのもりつけ体験は1500円

**文化体験　しょうざんリゾート京都**
営業時間　9:00～16:00
定休日　毎月第2、4火曜日
☎　075-495-2098
風呂敷染め体験は1200円（税込み）

※料金は変更になる場合があります。

◎ほかにも、文化を体験できる施設を40ページで紹介しています。

> もっと知りたい！
> 京都のひみつ！

## 京都は日本映画はじまりの地！

京都に、フランスから映写機が持ちこまれたのは1897（明治30）年のこと。そこから日本の映画の歴史が始まりました。

### 東映太秦映画村

ここは、多くの時代劇映画をつくってきた東映の撮影所。1926（大正15）年に最初の撮影所がつくられました。映画にいっそう親しんでもらうために、1975（昭和50）年、映画づくりのすべてを公開展示するテーマパークとして生まれ変わりました。映画資料を展示した映画文化館をはじめ、時代劇のオープンセット、時代劇ライブショーなどがあり、京都観光の目玉の1つとなっています。

**撮影のようす**

まちなみのセットなども本物そっくり。映画やテレビの撮影も行われていて、ちょんまげに着物姿の俳優に会うことがある。

**江戸時代にタイムスリップしたみたい！**

▲江戸時代の呉服屋や茶店、居酒屋、芝居小屋など、映画で見た覚えのあるような建物がいっぱい。

### からくり忍者屋敷

**アトラクションもいっぱい！**

忍者屋敷やお化け屋敷、トリックアートの館、プロの手でスターに変身させてもらえる時代劇扮装の館など、楽しいアトラクションが目白おし。

### 時代劇の撮影所ならではの楽しいおやつ！

映画の中にも出てきそうな、アイデアが楽しいお菓子もあります。

▲千両箱ポップコーン

▲いんろうあいす

## 日本ではじめて、映画を上映！

京都出身の実業家・稲畑勝太郎がフランスで発明されたシネマトグラフ（カメラ付き映写機）を京都に持ち帰ったのは1897年のことです。その年、四条河原町にあった京都電燈株式会社の庭で、日本初の活動写真（無声映画）の試写実験が行われました。1901年には「千本座」という劇場で上映され、ここが日本ではじめての映画館となりました。はじめのころは外国のフィルムだけでしたが、映画が新しい娯楽として認められるようになると、日本でも本格的な劇映画がつくられるようになりました。

### 日本映画のあけぼの年表

|  |  |
|---|---|
| 1891年 | トーマス・エジソンがキネトスコープ（映写装置）を発明 |
| 1895年 | リュミエール兄弟がシネマトグラフ（カメラ付き映写機）を発明 |
| 1897年 | 京都にて、日本初のシネマトグラフによる活動写真上映 |
| 1901年 | 牧野省三が経営する劇場「千本座」で活動写真上映 |
| 1903年 | 東京・浅草に日本初の上映専門館「電気館」ができる。 |
| 1908年 | 牧野省三監督『本能寺合戦』発表。初の日本映画となる。 |
| 1909年 | 尾上松之助主演『碁盤忠信』が大ヒットする。 |
| 1917年 | クローズアップなどの技法が誕生。呼び名が「活動写真」から「映画」へ。 |
| 1931年 | トーキー（発声映画）、字幕スーパーが登場、映画黄金時代へ。 |

### 元・立誠小学校

◁京都一の繁華街にあった立誠小学校は、児童数が減ったため1993年に閉校。今はイベント会場として活用されている。古い映画の企画上映も行われる。

## 日本初の、本格的な劇映画を撮影！

稲畑勝太郎から映画の興行権をゆずり受けた横田万寿之助、永之助兄弟は、大阪と京都に映画館を開くとともに、京都ではじめての撮影所を二条城の近くにつくりました。1908年に、牧野省三が指揮をした日本初の国内製作映画「本能寺合戦」が完成。1923（大正12）年に関東大震災が起こると、東京にあった撮影所も、歴史的建造物が多い京都に撮影のため移転してきました。やがて、トーキー（発声映画）の時代がくると映画は黄金期をむかえ、京都は「日本のハリウッド」とよばれました。

### 等持院

▽室町幕府を開いた足利尊氏が創建し、足利歴代の将軍の木像がある寺。牧野省三は1921年から33年まで、境内に撮影所を設置していた。銅像が境内に立っている。

◁日本初の映画スターといわれる尾上松之助。小さいころから旅役者だったが、身軽で派手な演技が牧野省三の目にとまり、1909年の『碁盤忠信』を皮切りに多くの作品に出演し、人気者となった。

### 人物 牧野省三（1878〜1929年）

京都生まれ。最初は歌舞伎劇場の経営者だったが、映画に興味をもち、1908年の『本能寺合戦』をはじめつぎつぎに時代劇を世に出した。尾上松之助をスターに育て上げ、多くの俳優や脚本家、監督を育成し、「時代劇映画の父」とよばれている。

テーマ別に見る京都の名所④

# 京都の食を食べ歩き！

旅行でかかせない楽しみは、なんといってもおいしいものを食べること。名所めぐりと組みあわせて、京都ならではの食べ物や、評判のお店をさがしてみましょう。

**鹿苑寺（金閣寺）**
室町幕府の将軍、足利義満の時代に栄えた「北山文化」を代表する建築物。およそ20kgの金箔でおおわれた豪華な舎利殿（金閣）は有名。

おむらはうす 金閣寺店
くわしくは36ページ

コース候補 2
ここもいっしょにまわれるかも!?

## おすすめのコース

### コース候補 1
洛中とよばれる区域を中心に、徒歩でまわるコース。錦市場をスタートして、京都国際マンガミュージアムを見学したら、然花抄院でひと休みしよう。最後に京都御苑と廬山寺をまわろう。

### コース候補 2
鹿苑寺の周辺から、下鴨神社をまわるコース。鹿苑寺からは、205番の市バスを使うと便利。ゆとりがあれば、北野天満宮に立ちよるのもおすすめ。

### コース候補 3
清水寺をスタートして、祇園周辺を散策しよう。高台寺と八坂神社をまわるとちゅうにグルメも味わえる、ぜいたくなコース。

### 水が育んだ京都の名物
京都は三方を山に囲まれているので、山々からのわき水が豊富です。また、地下には大量の地下水があり、これらの水のおかげで独特の伝統文化や食文化が育まれました。京野菜とよばれる質のよい野菜がつくられ、京漬物や、豆腐や湯葉、生麩などの食品が発達し、また、酒造りでも名高い産地となっています。

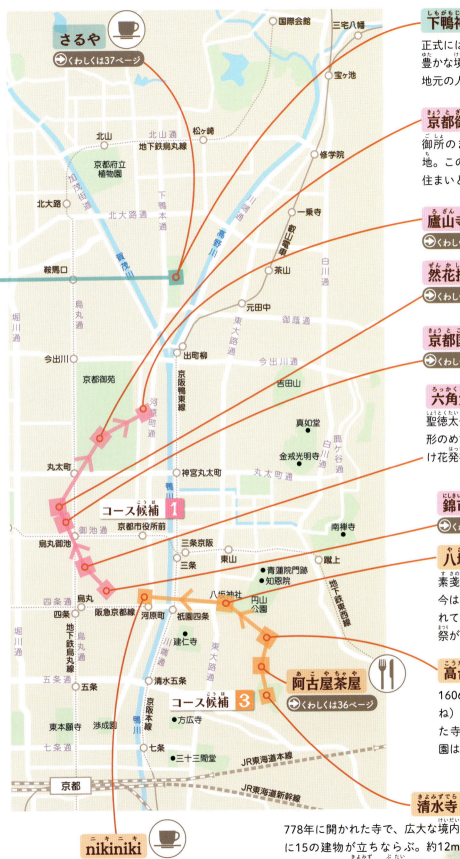

### さるや
くわしくは37ページ

### 下鴨神社 (しもがもじんじゃ)
正式には賀茂御祖神社(かもみおやじんじゃ)という。自然が豊(ゆた)かな境内(けいだい)では、参拝客(さんぱいきゃく)だけではなく、地元の人が散策(さんさく)をする姿(すがた)も見られる。

### 京都御苑 (きょうとぎょえん)
御所のまわりにあった公家屋敷(くげやしき)の跡(あと)地。この御所は、江戸時代まで天皇(てんのう)が住まいとしていた。

### 盧山寺 (ろざんじ)
くわしくは21ページ

### 然花抄院京都室町本店 (ぜんかしょういんきょうとむろまちほんてん)
くわしくは37ページ

### 京都国際マンガミュージアム (きょうとこくさい)
くわしくは30ページ

### 六角堂 (ろっかくどう)
聖徳太子(しょうとくたいし)が開いたと伝わる寺で、六角形のめずらしい本堂(ほんどう)がある。また、生け花発祥(はっしょう)の地としても知られる。

### 錦市場 (にしきいちば)
くわしくは36ページ

### 八坂神社 (やさかじんじゃ)
素戔嗚尊(すさのおのみこと)などの神さまを祀(まつ)る神社。今は通称(つうしょう)「祇園(ぎおん)さん」として親しまれている。京都三大祭(きょうとさんだいまつり)の1つ、祇園祭(ぎおんまつり)が行われる。

### 阿古屋茶屋 (あこやちゃや)
くわしくは36ページ

### 高台寺 (こうだいじ)
1606年に豊臣秀吉(とよとみひでよし)の妻(つま)、北政所(きたのまんどころ)(ねね)が、秀吉(ひでよし)を供養(くよう)するために開いた寺。17世紀前半につくられた庭園(ていえん)は、桜(さくら)と紅葉(こうよう)がとても美しい。

### 清水寺 (きよみずでら)
778年に開かれた寺で、広大な境内(けいだい)に15の建物が立ちならぶ。約12mの高さがある清水の舞台(きよみずのぶたい)が有名。

### nikiniki (ニキニキ)
くわしくは37ページ

> ランチにおすすめ！
> 1000円前後で食べられる、ランチにおすすめの場所を紹介します。京都ならではの名物を味わいましょう！

## おむらはうす

京都初のオムライス専門店。13種類のオムライスの中には、京都名物をいかしたものも。

とろ湯葉オムライス

◉京都名物の湯葉がたっぷり。中にはひじきごはんが入っている。1134円。

おむらはうす金閣寺店
営業時間 11:00～15:30
月曜日定休　☎ 075-462-9786

## 阿古屋茶屋

漬物とごはんを楽しむ「お茶漬けバイキング」が人気。混みあうので時間にはゆとりが必要。

お茶漬けバイキング

◉20種以上の漬物とごはん、みそしる、もなかなどが食べ放題。1350円。

阿古屋茶屋　＊予約はできません。
営業時間 11:00～17:00（16:00最終入店）
無休　☎ 075-525-1519

## 🍴京都の名物を味わいに、錦市場へ行こう！

錦市場は、江戸時代から400年以上もつづく大きな市場です。生麩やとうふ、京野菜の漬物店など、京都名物の店が120店以上もならんでいます。中にはかわいらしい小物をあつかう店などもあり、ランチやおやつはもちろん、おみやげをさがすにもぴったりの場所です。

「こんなもんじゃ」の豆乳ドーナツ

◉豆乳を使った、ふわふわでおいしいドーナツが味わえる。写真は「きなこ＆黒みつがけ」6個入り250円。ほかに、豆乳ソフトなどもある。

こんなもんじゃ
営業時間 10:00～18:00
（季節により変わる場合あり）
定休日なし　☎ 075-255-3231

麸房老舗
営業時間 9:00～18:00
無休　☎ 075-221-0197

「麸房老舗」の生麩

◉江戸時代からつづく店。生麩は、京都の美しい水が生んだ名物だ。1個432円から。

*値段はすべて、税込み価格です。また、情報はすべて2016年6月時点のものです。

**おやつにおすすめ！**

京都には、見た目も楽しいおやつがたくさんあります。散策のとちゅう、京都名物を味わいに、店に立ちよってみましょう！

## nikiniki
ニキニキ

生八ッ橋を、新しいかたちで楽しめる店。生八ッ橋を使ったかわいらしいお菓子を味わうことができる。

カレ・ド・カネール

季節の生菓子

▲色とりどりの生八ッ橋に、あんこやカスタードクリーム、きんぴらなどを選んで包む。値段は商品によって変わる。

生八ッ橋で、季節のモチーフを形づくったお菓子。季節によって変わるのが楽しい。2個セットで550円から。

※商品は変更になる場合があります

nikiniki　営業時間 11:00～19:00
不定休　☎ 075-254-8284

## 然花抄院

京町家を改装した店内で中庭の景色をながめながら、看板商品の「然」かすてらやパフェ、季節のお菓子などを味わえる。

抹茶パフェ

▶抹茶味のアイスにカステラ、寒天と、抹茶づくしのパフェ。然花抄院ならではのラスクや、どらやきの煎餅もトッピング。900円。

然花抄院 京都室町本店　営業時間 10:00～19:00
第2、第4月曜定休（祝日の場合は翌日休み）
☎ 075-241-3300

## さるや

京都三大祭の1つ、葵祭が行われる下鴨神社にある店。名物の申餅は葵祭にちなんだもの。

申餅

▲1か月にわたる葵祭の「申の日」に食べられていた「申餅」を再現。「はねず色」という独特の色をしている。黒豆茶付きで648円。

さるや　営業時間 10:00～16:30
無休　☎ 090-6914-4300

# 京都の学食めぐり

＊値段はすべて、税込み価格です。また、情報はすべて2015年2月時点のものです。
＊訪ねる前に電話をしてから行くとよいでしょう。

## 京都大学 吉田キャンパス

1897（明治30）年に「京都帝国大学」としてスタートした京都大学。現在、1万3000人の学部学生が学んでおり、キャンパス内には、カフェテリアやレストランなど、さまざまな学食があります。その中でも人気の店、「カンフォーラ」を紹介します。

### カンフォーラ

**ステーキカレー 756円**

ボリューム満点のステーキによだれがタラリ……。京都大学の第24代総長が開発したことから「総長カレー」ともよばれている。

**ビーフカレー 756円**

カンフォーラで一番人気のあるメニュー！

**今週のランチ 594円**

毎週変わるメインディッシュとスープ、パンかライスのランチ。写真はメインディッシュの一例。

### 近くにはこんな名所がある！

吉田神社　　蹴上インクライン＊

**カンフォーラ**
営業時間【平日】11:00〜22:00
　　　　【土日祝日】11:00〜15:30
定休日 年末年始　☎ 075-753-7628

＊インクラインとは、舟を台車にのせて陸上を運ぶ鉄道。蹴上インクラインは1948年まで使われていた。

京都には、歴史ある大学がたくさんあります。学生食堂の中には、一般(いっぱん)の市民にも開かれているところもあります。

## 同志社大学(どうししゃだいがく) 今出川(いまでがわ)キャンパス

明治六大教育家の1人、新島襄(にいじまじょう)が1875年に創立(そうりつ)した同志社大学。歴史ある大学の構内(こうない)には、まるでレストランのようなメニューを味わえる場所があります。

### アマーク・ド・パラディ寒梅館(かんばいかん)

日替(ひが)わりランチ 550円

この日のメインはピーナッツ風味のクリームソースがかかった鶏(とり)もも肉のソテー！

近くにはこんな名所がある！

京都御苑(きょうとぎょえん)

アマーク・ド・パラディ寒梅館(かんばいかん)
営業時間(えいぎょうじかん) 11:00～23:00
定休日 不定休
☎ 075-251-0880

## 龍谷大学(りゅうこくだいがく) 深草(ふかくさ)キャンパス

約2万人の学生が学ぶ龍谷大学(りゅうこくだいがく)。オムライスや中華(ちゅうか)、イタリアンなどバラエティ豊(ゆた)かなメニューを提供するフードコートと、おかずやごはん、丼(どんぶり)、めん類、サラダバーなどから自分の好きな組み合わせを楽しめるカフェテリアがあります。

### 22号館地下食堂

ショーケースの中には小鉢(こばち)がぎっしり！

いろとりどりのメニューがならぶサラダバー。値段(ねだん)は1g1.3円。

巣ごもりたまご 82円
おくらおひたし 61円
合計 512円！
ササミチーズカツ 257円
みそしる 30円
ライス5 82円

22号館地下食堂
営業時間(えいぎょうじかん)
平日 8:15～20:00
土曜 11:00～14:00

近くにはこんな名所がある！

伏見稲荷大社(ふしみいなりたいしゃ)

# 文化を学べる施設

京都について理解を深められる施設を紹介します。伝統工芸などの製作体験も、できるかも？

## 博物館・資料館・記念館など

各施設は臨時休館などの場合があるので、事前の電話確認がおすすめです。各種料金や時間は変更になることがあります。

### 織成館

1989年（平成元年）にオープンした織物ミュージアムで、西陣の伝統的な家屋の特長をそのまま残している。全国の手織物、能装束、時代衣装の鑑賞から工房見学など、手織りについて総合的に学べる。工場見学は時間が決まっているので事前に確認するとよい。

- 所在地　京都市上京区浄福寺通上立売上る大黒町693
- 電話番号　075-431-0020
- 見学できる時間　10:00～16:00
- 休館日　月曜日
- 見学時間の目安　1時間
- 最寄りのバス停　今出川浄福寺、千本上立売（市バス）
- 入館料　高校生以下350円（税込み）
- 体験料　手織り体験は5000円（税込み・要予約）

### 川島織物セルコン　織物文化館

1889（明治22）年に開館した、国内最古の企業博物館。ものづくりの研究のために世界中から集めてきた染織品や古書類、過去に製作した作品の原画資料など、約16万点を所蔵。織物の魅力やこだわりのものづくりを知ることができる。見学には、あらかじめ電話で予約をすること。

- 所在地　京都市左京区静市市原町265
- 電話番号　075-741-4120　（予約専用 075-741-4323）
- 見学できる時間　10:00～16:30（入館は16:00まで）
- 休館日　土曜日、日曜日、祝日
- 見学時間の目安　1時間
- 最寄りのバス停、駅　小町寺（京都バス）、市原駅（叡山電車鞍馬線）
- 入館料　無料

### 河井寬次郎記念館

大正時代から昭和にかけて、京都で活躍した世界的な陶芸作家、河井寬次郎の作品を展示する記念館。寬次郎自身が設計し、亡くなるまで過ごしていた住居をそのまま公開している。

- 所在地　京都市東山区五条坂鐘鋳町569
- 電話番号　075-561-3585
- 見学できる時間　10:00～17:00（入館は16:30まで）
- 休館日　月曜日（祝日は開館、翌日休館）
- 見学時間の目安　30分
- 最寄りのバス停、駅　馬町、五条坂（市バス）、清水五条駅（京阪電車）
- 入館料　小・中学生300円（税込み）

### 河村能舞台

320人を収容できる本格的な能舞台がある。能の魅力を知ってもらうために、体験参加型のプログラムを充実させている。能面や和楽器の解説、すわり方やあいさつの指導、舞台での歩き方の実習などがある。プログラムの最後に、能楽を鑑賞する。

▶舞台に上がり、足の運びなどの指導を受けられる。

- 所在地　京都市上京区烏丸上立売上る柳図子町320-14
- 電話番号　075-722-8716
- 見学できる時間　公演、講座の開催日時による
- 休館日　不定
- 見学時間の目安　1時間半
- 最寄りのバス停、駅　烏丸今出川（市バス）、今出川駅（地下鉄烏丸線）
- 体験など　能楽おもしろ講座は要予約（有料）

## 京菓子資料館

京菓子の老舗が設立した資料館。京菓子に関する古文書、絵画、美術工芸品、道具などのほかに、糖芸菓子(菓子を使って盆の上に情景を表現するもの)も展示している。茶室で抹茶を楽しめるので、休憩場所としてもおすすめ。

> **所在地** 京都市上京区烏丸通上立売上る
> (俵屋吉富 烏丸店北隣)
>
> **電話番号** 075-432-3101
>
> **見学できる時間** 10:00〜17:00
>
> **休館日** 水曜日
>
> **見学時間の目安** 30分
>
> **最寄りのバス停、駅** 烏丸今出川(市バス)、今出川駅(地下鉄烏丸線)
>
> **入館料など** 無料(抹茶と和菓子を食べる体験は1人700円、5名以上の場合は600円(税込み))

## 京都伝統産業ふれあい館

京都の伝統工芸品74品目、約500点を展示。パネルや映像資料で、それぞれの製作工程をわかりやすく解説する。

> **所在地** 京都市左京区岡崎成勝寺町9-1 京都市勧業館みやこめっせ地下1階
>
> **電話番号** 075-762-2670
>
> **見学できる時間** 9:00〜17:00(入館は16:30まで)
>
> **休館日** 年末年始、8月中旬に2日間
>
> **見学時間の目安** 1時間
>
> **最寄りのバス停、駅** 岡崎公園 美術館・平安神宮前、東山二条・岡崎公園口・岡崎公園 ロームシアター京都・みやこめっせ前(市バス)、東山駅(地下鉄東西線)
>
> **入館料** 無料
>
> **体験** 摺型友禅染め体験 900円〜2000円程度
> (平日は団体のみ、2週間前までに要予約)

## 京友禅体験工房 丸益西村屋

京都を代表する伝統工芸の1つ、友禅染めを、気軽に体験できる工房。入門コース、本格コースなどから選ぶことができる。ほかに、風呂敷つつみかたレッスンや、箸・箸入れづくり体験コースも人気。

> **所在地** 京都市中京区小川通御池南入る
>
> **電話番号** 075-211-3273
>
> **体験できる時間** 友禅染め体験は9:00〜17:00(人数によりことなる)、ほかの体験コースは1日に数回実施
>
> **休館日** 1月1日〜3日
>
> **体験時間の目安** 60〜90分
>
> **最寄りのバス停、駅** 堀川御池(市バス)、二条城前駅(地下鉄東西線)、烏丸御池駅(地下鉄烏丸線・東西線)
>
> **体験** ハンカチ(小サイズ)1300円(税込み)〜、各種あり

▶友禅染め体験のようす

## 京都市学校歴史博物館

京都は、1869(明治2)年に全国に先がけて学区制の小学校を開校させた。展示の教科書、教材などの資料から、京都の小学校の伝統を学ぶことができる。

> **所在地** 京都市下京区御幸町通仏光寺下る橘町437
>
> **電話番号** 075-344-1305
>
> **見学できる時間** 9:00〜17:00(入館は16:30まで)
>
> **休館日** 水曜日(祝日の場合は翌平日)
>
> **見学時間の目安** 1時間
>
> **最寄りのバス停、駅** 四条河原町、河原町松原(市バス)、河原町駅(阪急電鉄)
>
> **入館料** 小・中・高生100円(税込み)

## 京都陶磁器会館

京焼・清水焼など、京都の焼き物を展示した施設。定期的に、陶芸作家の個展や企画展、京焼制作の実演も行っている。販売もされており、手にとって見ることができる。

> **所在地** 京都市東山区東大路五条上る
>
> **電話番号** 075-541-1102
>
> **見学できる時間** 9:30〜17:00(入館は16:30まで)
>
> **休館日** 木曜日
>
> **見学時間の目安** 1時間
>
> **最寄りのバス停、駅** 五条坂(市バス)、清水五条駅(京阪電車)
>
> **入館料** 無料

## 島津製作所創業記念資料館

島津製作所が1875(明治8)年の創業から製造してきた理化学器械やX線装置など、さまざまな資料を展示。近代科学技術の発展について学ぶことができ、実験の体験コーナーもある。

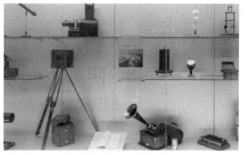

> **所在地** 京都市中京区木屋町二条南
>
> **電話番号** 075-255-0980
>
> **見学できる時間** 9:30〜17:00(入館は16:30まで)
>
> **休館日** 水曜日(祝日の場合は開館、振替休日なし)
>
> **見学時間の目安** 1時間
>
> **最寄りのバス停、駅** 京都市役所前(市バス)、京都市役所前駅(地下鉄東西線)、三条駅(京阪電車)
>
> **入館料** 中・高生200円(税込み)、小学生以下無料

## 松栄堂　嵐山香郷

　1705年に京都に創業した、香りづくりひとすじのお香の専門店。香りを身近に感じてもらおうと、香りの体験スペースをもうけている。

▶店内でオリジナルの香りの匂い袋づくり体験ができる。

```
所在地　京都市右京区嵯峨天龍寺門前　嵐山　昇龍苑内2F
電話番号　075-873-5590(体験予約受付)
営業時間　10:00～17:00　　休業日　なし
体験できる時間　10:10～16:00(各回定員8名、約30分)
体験時間の目安　30分
最寄りの駅　嵐山駅(嵐電嵐山本線・阪急電鉄)、
嵯峨嵐山駅(JR嵯峨野線)
体験料　匂い袋づくり 1296円(税込み)
```

## 京エコロジーセンター(京都市環境保全活動センター)

　1997(平成9)年の地球温暖化防止京都会議(COP3)の開催を記念して開館した。環境について体験学習ができる。

```
所在地　京都市伏見区深草池ノ内町13
電話番号　075-641-0911
見学できる時間　9:00～21:00(1・2F展示は17:00まで)
休館日　木曜日(祝日の場合は翌金曜日)
見学時間の目安　30分～90分
最寄りの駅　竹田駅(地下鉄烏丸線・近鉄)、藤森駅
(京阪電車)
入館料　無料
```

## 舞扇堂

　平安時代から伝わる伝統工芸品、京扇子の絵つけ体験ができる。筆と絵の具を使って、自分だけの京扇子をつくってみよう。

```
(祇園店)
所在地　京都市東山区祇園町南側579
電話番号　075-532-2050
営業時間　10:00～20:00　体験できる時間　9:00～17:00
最寄りの駅　祇園四条駅(京阪電車)、河原町駅(阪急電鉄)

(きよみず店)
所在地　京都市東山区八坂通二年坂西入る
電話番号　075-532-2001
営業時間　9:30～16:00　体験できる時間　9:00～14:00
最寄りのバス停　清水道、東山安井(市バス)

体験時間の目安　60～75分
体験料　本格タイプ2000円、簡易タイプ1800円(税別)
```

## 茶道資料館

　茶碗、花入、掛物など、茶道具の名品や美術工芸品、歴史的な文書を展示。来館者には呈茶(茶のもてなし)があり、また気軽にできる茶道体験(要予約)も人気がある。お菓子やお茶のいただき方、お茶の点て方などを教えてもらえる。

```
所在地　京都市上京区堀川通寺之内上る寺之内竪町682
裏千家センター内
電話番号　075-431-6474
見学できる時間　9:30～16:30(入館と呈茶は16:00まで)
休館日　月曜日(ほかに展示替期間あり)
見学時間の目安　30分
最寄りのバス停、駅　堀川寺ノ内、堀川今出川(市バス)、
鞍馬口駅(地下鉄烏丸線)
入館料　小学生無料、中・高生300円(税込み・特別展は別料金)
茶道体験　1日5回実施、1回約1時間(要予約・12名まで)
```

## 西陣織会館

　西陣織のすばらしさを知ってもらうために、「きものショー」やさまざまな史料の展示を行っている。ミニ手機を使って、織物の基本を体験することができる。

```
所在地　京都市上京区西堀川通元誓願寺上る竪門前町
414
電話番号　075-451-9231
見学できる時間　10:00～18:00
休館日　年末年始
見学時間の目安　1時間
最寄りのバス停、駅　堀川今出川(市バス)、今出川駅
(地下鉄烏丸線)
入館料　無料(体験は有料・要予約)
```

## 霊山歴史館

　幕末・明治維新期の歴史を、総合的にとらえて研究するためにつくられた博物館。坂本龍馬、中岡慎太郎、西郷隆盛、木戸孝允、高杉晋作など倒幕派志士の遺品とともに、新撰組、徳川慶喜、松平容保など幕府側に関する資料も、数多く展示している。

```
所在地　京都市東山区清閑寺霊山町1
電話番号　075-531-3773
見学できる時間　10:00～17:30(入館は閉館30分前まで)
休館日　月曜日(祝日の場合は開館し、翌火曜日休館)
見学時間の目安　1時間
最寄りのバス停　清水道、東山安井(市バス)
入館料　小・中学生300円(税込み)
```

## 企業訪問ができる会社

京都には、京都を本拠地として伝統を重んじながら進化を続ける会社が数多くあります。事前に連絡のうえ、企業訪問をしてみましょう。

### (株)おたべ

本社工場に併設された「おたべ本館」の店舗から、生八つ橋おたべの製造ラインを見学できる。事前に予約をすれば、手づくり体験もできる。できたてのおたべの味を楽しめるのが魅力。まちがいなく食べるには、工場のラインが稼働している時間帯のうち、早目の訪問がおすすめ。

```
所在地  京都市南区西九条高畠町35-2
電話番号 075-681-8284
見学できる時間 9:30～17:00(入館は16:30まで)
休館日 なし
見学時間の目安 15分
最寄りのバス停、駅 市民防災センター前(市バス)、
十条駅(近鉄)
入館料など 工場見学は無料、おたべ体験道場は600円
(税込み)
```

### 京都機械工具(株)

1950年創業の作業工具メーカー。生産数・種類ともに国内第1位をほこっている。創業50年を記念して、「KTCものづくり技術館」を開設した。最高級工具をはじめ、さまざまな工具約3000点を展示している。自動車の整備を体験できる研修用ピットも、好評。10名以上から工場見学を受け付けている。

```
所在地  久世郡久御山町佐山新開地128
電話番号 0774-46-3959
見学できる時間 9:30～、13:30～の2回
休館日 土・日・祝、会社休業日
見学時間の目安 30～60分(工場見学は2時間)
最寄りのバス停 久御山工業団地東(京阪バス)
入館料など 無料(1週間前までに要予約)
```

### 京セラ(株)

1959(昭和34)年の創業以来、ファインセラミックスや情報機器をあつかうメーカー。本社ビルの2階にあるファインセラミック館では、機器の動作モデルや実験のようすを撮ったVTRを通して、ファインセラミックスのもつ特別な硬さや、熱への強さなどの特徴について総合的に学ぶことができる。

```
所在地  京都市伏見区竹田鳥羽殿町6
電話番号 075-604-3518(施設見学受付係)
見学できる時間 10:00～17:00
休館日 土・日・祝日
見学時間の目安 1時間
最寄りのバス停、駅 パルスプラザ前(京阪バス)、
京都パルスプラザ・京セラ前(京都らくなんエクスプレス)、
竹田駅(地下鉄烏丸線・近鉄)、伏見駅(近鉄)
入館料 無料
```

### (株)土井志ば漬本舗

京都で生まれた漬物、しば漬をおもにつくっている会社。1901(明治34)年の創業以来、100年以上の歴史をもつ。ガラス窓ごしに、工場の見学をすることができる。案内付きの見学は要予約。

```
所在地  京都市左京区八瀬花尻町41
電話番号 075-744-2311
見学できる時間 9:00～17:00(10:20～10:30、
12:10～13:05、15:00～15:15は休憩時間)
休館日 不定休
見学時間の目安 30分
最寄りのバス停 花尻橋(京都バス)
入館料など 無料(工場見学は要予約)
```

### 京都に関係のあるノーベル賞受賞者たち

京都では古いものが大切にされてきた反面、新しいものを生み出そうとする気風があります。そのためか、京都の大学や企業で自然科学系の優秀な研究者が多く育ちました。日本のノーベル賞受賞者の約半数が、京都で学んだ経歴をもっています。

```
1949年 物理学賞 湯川秀樹
       (京都大学卒業、受賞時京都大学理学部教授)
1965年 物理学賞 朝永振一郎(京都大学卒業)
1981年 化学賞  福井謙一
       (京都大学卒業、受賞時京都大学工学部教授)
1987年 生理学・医学賞 利根川進(京都大学卒業)
2001年 化学賞  野依良治(京都大学卒業)

2002年 化学賞  田中耕一
       (京都の企業、島津製作所に在籍)
2008年 物理学賞 小林誠(元京都大学理学部助手)
2008年 物理学賞 益川敏英(受賞時、京都大学名誉教授)
2012年 生理学・医学賞 山中伸弥
       (受賞時、京都大学iPS細胞研究所長・教授)
2014年 物理学賞 赤﨑勇(京都大学卒業)
```

# 名所さくいん

この本に出てくる名所を集めました。数字は、名所についての説明がのっているページです。

## あ

- 阿古屋茶屋 ･････････････････････････ 35、36
- 天橋立 ･･････････････････････････････････ 17
- 天橋立神社 ･･････････････････････････････ 17
- 一条通 ･･････････････････････････････････ 24
- 一条戻橋 ････････････････････････････････ 25
- 宇治上神社 ････････････････････････････ 9、18
- 宇治市源氏物語ミュージアム ････････････････ 18
- (株)おたべ ･･････････････････････････････ 43
- おむらはうす金閣寺店 ･････････････････ 34、36
- 織成館 ･･････････････････････････････････ 40

## か

- 上賀茂神社 ････････････････････････････ 5、8
- 河井寛次郎記念館 ････････････････････････ 40
- 川島織物セルコン　織物文化館 ･･････････････ 40
- 河村能舞台 ･･････････････････････････････ 40
- 甘春堂 ･･････････････････････････････････ 31
- 祇園辻利 ････････････････････････････････ 31
- 貴船神社 ････････････････････････････････ 16
- 京菓子資料館 ････････････････････････････ 41
- 京セラ(株) ･･････････････････････････････ 43
- 京都駅ビル ･･････････････････････････ 27、28
- 京都機械工具(株) ････････････････････････ 43
- 京都御苑 ････････････････････････････ 35、39
- 京都国際マンガミュージアム ･･････････ 26、30、35
- 京都国立博物館 ･･････････････････････ 27、30
- 京都市学校歴史博物館 ････････････････････ 41
- 京都大学総合博物館 ･･････････････････････ 27
- 京都大学吉田キャンパス ･･････････････････ 38
- 京都タワー ･･･････････････････････････ 27、29
- 京都伝統産業ふれあい館 ･･････････････････ 41
- 京都陶磁器会館 ･･････････････････････････ 41
- 京都文化博物館 ･･････････････････････････ 26
- 京友禅体験工房　丸益西村屋 ･･････････････ 41
- 清水寺 ･･････････････････････････････････ 35
- 鞍馬寺 ･･････････････････････････････････ 16
- 蹴上インクライン ･･･････････････････････ 27、38
- 高台寺 ･･････････････････････････････････ 35

## さ

- 西寺跡石碑(西寺) ･･･････････････････ 8、11、12
- さるや ･･････････････････････････････ 35、37
- さわらびの道 ････････････････････････････ 18
- 三条通のレンガ建築 ･･････････････････････ 27
- 時雨殿 ･･････････････････････････････ 18、22
- 島津製作所創業記念資料館 ････････････････ 41
- 下鴨神社 ･･･････････････････････････ 5、9、35
- 松栄堂 嵐山香郷 ･････････････････････････ 42
- しょうざんリゾート京都 ･･･････････････････ 31
- 常寂光寺 ････････････････････････････ 18、23
- 神泉苑 ･･････････････････････････････ 8、11、13
- 水路閣 ･･････････････････････････････････ 27

## ぜ

- 然花抄院京都室町本店 ･････････････････ 35、37
- 千本釈迦堂(大報恩寺) ････････････････････ 19

## た

- 大極殿跡石碑(大極殿) ･･････････････････ 8、10
- 醍醐寺 ･････････････････････････････････ 9、13
- 茶道資料館 ･･････････････････････････････ 42
- 長泉寺 ･･････････････････････････････････ 18
- 朝堂院跡石碑(朝堂院) ･･･････････････ 8、10、11
- (株)土井志ば漬本舗 ･･････････････････････ 43
- 東映太秦映画村 ･･････････････････････ 26、32
- 東寺(教王護国寺) ･･････････････････ 9、11、12
- 等持院 ･･････････････････････････････････ 33
- 同志社大学今出川キャンパス ･･････････････ 39

## な

- 名古曽滝跡 ･･････････････････････････････ 18
- nikiniki ･････････････････････････････ 35、37
- 錦市場 ･･････････････････････････････ 35、36
- 西陣織会館 ･･････････････････････････････ 42
- 仁和寺 ･･････････････････････････････ 18、20
- 鵺大明神 ････････････････････････････････ 25
- 野宮神社 ････････････････････････････ 18、21

## は

- 橋姫神社 ････････････････････････････ 18、22
- 東向観音寺 ･･････････････････････････････ 25
- 平等院 ･･････････････････････････････ 9、14、18
- 琵琶湖疏水記念館 ････････････････････････ 27
- 風俗博物館 ･･････････････････････････････ 19
- 伏見稲荷大社 ････････････････････････････ 39
- 平安京創生館 ･････････････････････････････ 8
- 平安神宮 ･･･････････････････････････ 5、9、10

## ま

- 舞扇堂 ･･････････････････････････････････ 42
- 三室戸寺 ････････････････････････････････ 18
- 京エコロジーセンター(京都市環境保全活動センター) ･･ 42
- 元伊勢籠神社 ････････････････････････････ 17
- 元・立誠小学校 ･･････････････････････････ 33

## や

- 八坂神社 ･･･････････････････････････････ 5、35
- 吉田神社 ････････････････････････････････ 38

## ら

- 羅城門跡石碑(羅城門) ･･･････････････ 8、11、12
- 龍谷大学深草キャンパス ･･････････････････ 39
- 霊山歴史館 ･･････････････････････････････ 42
- 鹿苑寺(金閣寺) ･･････････････････････････ 34
- 廬山寺 ･･･････････････････････････････ 19、21、35
- 六角堂 ･･････････････････････････････････ 35

**監修　山田邦和**（やまだくにかず）

同志社女子大学教授。京都市に生まれ、寺や神社、史跡に触れて育つ。同志社大学大学院を修了後、平安博物館、古代学研究所、京都文化博物館、花園大学教授を歴任する。博士（文化史学）。考古学・都市史学専攻。現在は、平安京から中世・近世にいたる京都の都市史の解明を中心として研究を行っている。著書に『京都都市史の研究』（吉川弘文館）、『日本中世の首都と王権都市』（文理閣）など。

| | |
|---|---|
| 本文イラスト | ニシハマカオリ |
| 地図制作 | 齋藤直己・鈴木将平・清水知雄（マップデザイン研究室） |
| 装丁デザイン | 倉科明敏（T.デザイン室） |
| 企画・編集 | 渡部のリ子・山崎理恵（小峰書店）<br>中根会美・鬼塚夏海（オフィス303） |
| 文 | 八重野充弘 |
| 本文デザイン | 淺田有季（オフィス303） |

**取材・写真協力**

阿古屋茶屋／天橋立駅観光案内所／宇治市源氏物語ミュージアム／太秦映画村／尾上松之助遺品保存会／おむらはうす／織成舘／上柳家／河井寛次郎記念館／川島織物文化館／河村能舞台／甘春堂／祇園辻利／貴船神社／京とうふ藤野／京都駅ビル／京都国際マンガミュージアム／京都国立博物館／京都市交通局／京都市歴史資料館／京都大学／京都タワー／京都友禅協同組合／清水寺／京都妖怪探訪／鞍馬寺／時雨殿／島津製作所創業記念資料館／松栄堂／聖護院八ッ橋総本店／しょうざんリゾート京都／清浄華院所／神泉苑／然花抄院／醍醐寺／土井志ば漬本舗／東寺／等持院／同志社大学／nikiniki／西陣織会館／仁和寺／東向観音寺／平等院／風俗博物館／麩房老舗／平安神宮／宝泉堂／舞扇堂／龍谷大学／霊山歴史館／蘆山寺

---

**事前学習に役立つ　みんなの修学旅行　京都2**

2015年3月10日　第1刷発行　　2016年7月27日　第2刷発行

監修者　山田邦和
発行者　小峰紀雄
発行所　株式会社小峰書店
　　　　〒162-0066東京都新宿区市谷台町4-15
　　　　TEL03-3357-3521　FAX03-3357-1027
　　　　http://www.komineshoten.co.jp/
印刷・製本　図書印刷株式会社

© Kunikazu Yamada 2015 Printed in Japan
NDC 374　44p　27×19cm　ISBN978-4-338-28408-0
乱丁・落丁本はお取り替えいたします。
本書のコピー、スキャン、デジタル化等の無断複製は著作権法上での例外を除き禁じられています。本書を代行業者等の第三者に依頼してスキャンやデジタル化することは、たとえ個人や家庭内での利用であっても一切認められておりません。